Jörg Zink

Meine Gedanken sind bei dir

Kreuz Verlag

Nördlich von Island, im Nordmeer,
sah ich sie über das Wasser ziehen,
die weiße Möwe,
wie sie einer einsamen Felseninsel zuflog.

Sie hat es gut. Sie kann fliegen.
Wenn ich an dich denke,
dann bleiben mir nichts als meine Gedanken
und mein Herz, um bei dir zu sein.

Aber manchmal habe ich
einen seltsamen Wunsch.
Einen törichten, ich weiß.

Ich möchte irgend etwas tun,
das du in der Ferne empfindest,
möchte ein Wort sagen,
das wirklich bis an dein Ohr dringt.

Ich möchte so etwas sein wie ein Engel.
Ein Engel, der über Land und Meer,
mit einem Flügelschlag sozusagen,
zu dir kommt.

Natürlich kann ich an dich denken,
wie es viele füreinander tun.
Wenn der Mond am Himmel steht,
treffen sie sich auf seinen goldenen Hügeln.

Sie geben den Wolken ihre Gedanken mit
oder dem Wind.
Das ist schön und wahr,
aber ich möchte mehr.

Ich möchte ein Engel sein.
Nicht weil ich dann goldene Flügel hätte.
Die braucht ein wirklicher Engel nicht.
Aber weil ich Kräfte hätte für dich,
weil ich trösten könnte,
wie die Engel es tun,
oder heilen,
dir beistehen jedenfalls,
wie du es brauchst, jetzt und morgen.

Wenn ich aus der Ferne an dich denke,
möchte ich ein Engel sein.

Das Evangelium erzählt:
Da sitzt einer im Kerker.
Steinerne Wände. Kein Licht.
Wächter hocken in der Zelle,
Wächter lehnen an der Tür.

Irgendwann in der Nacht aber
erscheint ihm ein Engel,
stößt ihn in die Seite und sagt:
Steh auf!
Er öffnet die Tür,
während die Wächter schlafen.
Der Gefangene geht hinaus,
und draußen auf der Gasse
verschwindet der Engel.

Ich denke mir, daß jeder von uns
zuzeiten gefangen ist
in irgendeinem dunklen Verlies.
Dann, wenn es dir ergeht
wie Petrus im Gefängnis,
möchte ich der Engel sein,
der dir die Tür öffnet.

Denn immer ist eine Tür da.
Auch in der dunkelsten Seele.
Und wenn du sie nicht wahrnimmst,
dann kann doch ein Engel kommen,
die Wand berühren, sie öffnen
und dir den Ausgang zeigen
in das Licht und die Freiheit eines neuen Tages.

Das Evangelium erzählt,
die Freunde des Gefangenen
hätten sich aus der Ferne um ihn versammelt
mit ihren Gedanken und Wünschen
und mit ihrem Gebet.
Er sei in seiner einsamen Zelle umgeben gewesen
von einem unsichtbaren Kreis.

Vielleicht ist ein Engel ein Wesen,
das aus Gebeten besteht,
und ein Engel dieser Art
möchte ich gerne sein.

Manchmal geht es dir wohl so,
wie es auch mir geht.
Da geschieht so viel, das sich nicht klären läßt,
nicht in Ordnung bringen, ja nicht einmal verstehen.
Dann ist irgend etwas in mir verletzt.
Es schmerzt und läßt sich nicht abtun.

Dann ist es gut,
daß manches wie von selbst verheilt.
Daß man nicht alles zu klären braucht,
sondern nur zu warten, bis es sich verwandelt
in etwas Lebendiges, Neues.

Ich sah einmal aus der Vulkanasche,
die vor ein paar Jahren fruchtbares Land
verbrannte und begrub,
ein paar Blumen wachsen.
Es sah aus, als wolle die Erde wieder heil werden.

Wenn ich mir vorstelle, was die Engel tun,
glaube ich:
Ein Engel legt auf die schmerzende Stelle
die Hand und sagt: Laß das heilen.
Ein Engel dieser Art möchte ich sein,
wenn du ihn brauchst.

Mehr als einen Menschen kenne ich,
der vor Traurigkeit oder Mattigkeit
in sich selber hineinversinkt
wie in eine tiefe Schlucht.

Der sagt: Ich kann nicht mehr.
Wozu mühe ich mich?
Es hat doch alles keinen Sinn.

Einmal sah ich in einer riesigen Felsschlucht
eine einzelne Möwe.
Ihr Gefieder glänzte,
als wollte sie sagen: Droben ist die Sonne!
Wie ein Engel fuhr sie herab
in die tiefen Schatten,
als wäre sie ein Bote des Lichts.

Ich möchte ein Engel sein, der das kann.
Vielleicht nur für eine Stunde,
ein guter Geist aus der Liebe Gottes,
ein Engel, wenn du so willst,
für dich.

Wirklich. Es gibt Mächte
in der Welt,
die uns das Licht zeigen.
Mit ihnen möchte ich mich
zusammentun,
mit allen guten Kräften
zwischen Himmel und Erde,
und möchte helfen,
daß du sie fühlst,
daß du eine Helligkeit siehst
und
einen warmen Wind spürst,
der die kalten Wände streift.

✧

Sie saß auf ihren Eiern,
friedlich.
Er stand mit seinen breiten,
weichen Schwimmfüßen
sicher auf dem
abschüssigen Felsen.
Und ich fand:
Wenn man das Licht kennt,
kann auch eine Schlucht
ein wohnlicher Ort sein.

Das ist einer
der Engel,
die ich liebe.
Gelassen und mit einem
leichten, stillen Lächeln
steht er im Mauerwerk
der Kathedrale
von Chartres.

Er hält
eine Sonnenuhr,
als wolle er sagen:
Ich bin jede Stunde da.
Ich begleite dich
alle Tage.

So denke ich an dich,
solange die Sonne
das Stundenblatt
zeichnet,
solange die Gnade
Gottes
dir und mir leuchtet.

Manchmal gehen mir die Einfälle aus,
wenn ich sie am nötigsten brauche,
und nichts rührt sich dort innen,
wo mein Herz eigentlich lebendig sein sollte.
Dann liegt alles an dem Geist, der von oben kommt
wie ein weißer Flügel über dem dunklen Wasser.

Ganz unauffällig kann er herabkommen.
Ganz unauffällig wäre ich gerne
ein guter Gedanke,
der dich belebt und erfrischt
wie ein heller, freundlicher Einfall,
wie die Nähe eines Engels.

Manchmal merkst du,
daß einer nicht recht bei sich selbst ist,
daran, daß er danebengreift.

Eine Tasse fällt ihm aus der Hand,
der Kopf stößt an die Schranktür,
der Fuß stolpert über die Schwelle.
Irgend etwas fügt sich nicht.
Dann braucht er einen Engel.

Der sagt ihm: Setz dich.
Denk an etwas, das dir gut tut.
Schau die schöne Rundung an,
zu der die Blätter einer weißen Blume sich fügen.
Denk an einen Menschen, den du gern hast.

Und so kommst du zu dir selbst.
Du kommst auch wieder zu den Dingen
und kannst sie sehen und ordnen.
Dein Leben gelingt mit der halben Kraft.

Und aus der Gelassenheit bewältigst du,
was du jetzt tun mußt.

Du hast manchmal gesagt:
Es ist alles nichts. Ich kann es nicht.
Ich sollte eigentlich aufgeben.

Ich glaube, ein Engel würde dir sagen:
Natürlich kannst du es.
Eine Seerose wie die auf dem
Umschlag dieses Buches
hat ihre Wurzeln tief unten im Morast.
Und eine Blume wie die nebenan
hat sie in der dunklen Erde.
Sie würden beide nie das Licht sehen,
wenn sie sagten: Ich sehe kein Licht.

Nein, sie wachsen, bis sie oben sind,
bis sie sich öffnen in ihrer ganzen Schönheit.
Gib dich nicht auf. Versuch es noch einmal.

Ich glaube, ein Engel würde dir die Kräfte,
die Engelskräfte, geben,
die du brauchst, um ans Licht zu kommen.

Und wenn es dir kein Engel sagt,
dann sage ich es: Gib nicht auf.
Und eines Tages gelingt es.

Du kennst das.
Manchmal möchte man wissen,
wie man entscheiden soll,
was richtig wäre, was notwendig.
Aber man weiß es beim besten Willen nicht.

Dann kann es gut sein,
nach innen zu sehen
und nach innen zu horchen.
Ob da nicht eine Stimme ist, die sagt:
Wichtig ist jetzt dies.
Notwendig ist jetzt jenes.
Du kannst dir vorstellen,
dann rede ein Engel in dir.

Und es ist, als ob eine Helligkeit
aus einer anderen Welt
sich spiegele in deinem Alltag
wie eine verhüllte Sonne im Wasser.

Aber das ist dann nicht nur eine Hilfe,
wenn du eine Entscheidung triffst,
es ist auch, wenn du darauf achtest,
der Weg zum Glück.

Mir geschieht es gelegentlich,
daß mir meine Mutter im Traum erscheint.
Sie ist vor fast sechzig Jahren gestorben,
als ich ein kleines Kind war
und sie eine sehr junge Frau.
Ich habe keine Erinnerung an sie,
ich kenne sie nur aus meinen Träumen.

Dann steht sie vor mir,
schmal, eine helle Gestalt,
sehr freundlich
und mit klaren, wachen Augen.
Sie redet nicht.
Sie hat noch nie etwas gesagt,
aber ich weiß plötzlich, was ich tun soll.
Sie ist für mich manchmal so etwas
wie ein Engel.

Etwas dieser Art wünsche ich dir.
Ich selber traue mir nicht zu, es zu sein.
Dazu brauchst du mehr als nur mich.

Wir kennen es alle:
Man ist nicht recht gegenwärtig.
Man vergißt den Topf auf dem Feuer.
Man läßt seine Schlüssel stecken
oder sieht die Autos auf der Straße nicht.
Man ist geistes-abwesend.

Da wandert der Geist in einem Traumland.
Ohne Verbindung mit den Dingen.
Er müßte aber angebunden sein
auf der Erde.

Denn schon ist etwas passiert.
Ich möchte aber, daß dir nichts zustößt.

Mir hilft es, um mich zu sammeln, oft,
vor einer Landschaft zu stehen
wie der auf der folgenden Seite.
Sie ist so ganz und so klar,
wie ich selbst gerne wäre.
So eins aus Licht,
aus Fels und Wasser und Schilf.
Gespiegelt in sich selbst
und ruhend auf einem festen,
verläßlichen Grund.

Wenn ich merke, wie zerfahren ich bin,
fällt mir Bileam ein,
der seltsame Prophet aus dem Alten Testament.
Der ritt auf einem Esel,
so geistesabwesend, wie mancher von uns
auf seinem Körper, auf seinem Instinkt reitet.

Da stand ein Engel im Weg,
denn der Weg war falsch.
Der Esel sah den Engel, der Prophet nicht.
Und der Esel mußte den Geist des Propheten
herunterholen auf die Erde,
so daß auch er den Engel sah.

Manchmal muß unser Esel,
sozusagen der sechste Sinn in uns,
uns warnen, damit wir nicht
gegen unseren Engel laufen.
Oft hält er für uns die Augen offen
und hat die Geistesgegenwart,
die unserem Geist fehlt.

Und vielleicht können wir gelegentlich
füreinander
Esel oder Engel sein.

Es ist nicht so selten,
daß ich dasitze wie vor einem Brettspiel
und die Figuren planlos hin- und herschiebe.
Ich spiele nicht.
Ich schiebe nur die Klötze hin und her.
Und es bleiben immer dieselben Klötze,
und keine Lösung kommt in Sicht.

Dann muß sich ein Engel dazusetzen
und mitspielen.
Vielleicht setzt er plötzlich
die Figuren anders,
und das Spiel geht weiter.
Ich sehe ihn nicht, aber ich merke,
daß mir da einer eine gute Idee zugespielt hat.

Zwischen all den senkrechten Stämmen,
die den Weg verbauen,
ein Licht.
Wenn dir nichts einfällt,
kann ich vielleicht einmal deinen Engel spielen.

Jeder von uns steht sich selber
manchmal im Weg.
Dann stehen die Stangen der Bäume
wie ein Zaun vor ihm,
und er sieht keinen Weg im dunklen Unterholz.
Er nimmt nichts mehr wahr
außer sich selbst und seinen Kummer.

Dann müßte ein Engel kommen
wie ein blendendes Licht
und sagen: Mach die Augen auf!
Da ist ein Weg. Geh ihn.

Und vielleicht öffnet er uns den Blick
hinaus in die Welt,
wo täglich 40 000 Kinder verhungern,
und sagt: Du machst dir kein Bild
von vierzigtausendfachem Elend.

Überlege dir einmal, was du tun kannst,
hier bei uns oder anderswo.
Das Elend ist überall.
Und überall kommt es darauf an,
daß einer nicht sich selbst die Sicht verbaut.

Wenn du wegschiebst,
was außer dir ist auf der Welt,
schiebst du etwas vom Besten an dir,
dein Gewissen, weg.
Und wer sein Gewissen wegschiebt,
wird nicht glücklich.
Er verdorrt vor der Zeit.

Dabei ist uns zugedacht,
daß an uns etwas wächst
und blüht und gedeiht.
Vielleicht keine Orangen
aber die Frucht eines lebendigen Herzens.

Vielleicht brauchen wir manchmal
einen solchen Hinweis nötiger als Trost,
damit wir erkennen,
was in uns gedeihen soll,
und damit wir,
indem wir die Augen öffnen
und das Notwendige tun,
dem Sinn unseres Weges begegnen.

Mitten im Gestrüpp
steht das alte Wegkreuz.
Da ist kein Weg mehr.
Die Büsche und das Gras
haben alles überwachsen.
Aber das Kreuz redet weiter.
Es sagt, wie es von jeher gesagt hat:
Nimm dieses Zeichen in dich auf.

In Gott ist eine große Liebe,
die begegnet dir, wo immer ich stehe,
das Kreuz.
Ich erzähle vom Tod und vom Leid
und von der Schuld
und davon,
daß alle drei überwunden sind.

Denn in diesem Zeichen
verstehst du,
wie sich alles rundet
in der Liebe Gottes,
und kannst ernst nehmen,
daß du geliebt bist.

Und wenn du weißt,
daß du geliebt bist,
hast du Kräfte in dir,
zu lieben;
die Kraft eines Engels
geht von dir aus
wie die Blüte
an einem Baum,
und der Baum selbst
wird dabei schön.

Wenn du mir nicht recht zutrauen willst,
daß ich die Kraft und das Licht eines Engels habe –
ich traue es mir selbst ja auch nicht zu –
dann wünsche ich dir, daß du dich an den halten kannst,
der mehr ist als alle Engel der Welt.

Aber wie man einen Engel nur spürt,
wenn man auf ihn acht hat,
so muß man sich auch zu Gott hin
öffnen mit Augen und Ohren.
Man merkt dabei, wie groß die Welt wird
und wieviel Licht sie hat.
Vielleicht kannst du so sprechen:

Lebe du in mir, heiliger Gott.
Ich möchte nichts als dasein
und durch dich leben.
Ich will mich lassen, mich freigeben.
Ich möchte mich öffnen, dir entgegen.

Wirke du in mir so, daß du mein Leben bist.
Sei du um mich so, daß du meine Welt bist.
Durchdringe mich, daß ich selbst unwichtig werde
und allein du bleibst.

Während ich das schreibe,
kommt mir ein verwegener Gedanke:
Könnte es nicht sein,
daß ich wirklich so etwas wäre wie ein Engel?
Vielleicht nicht einer,
wie die Maler sie malen,
aber doch ein Bild Gottes?

Vielleicht ist es gar nicht so anmaßend,
wie wir immer meinen
in unserer unangemessenen Bescheidenheit,
zu sagen:
Gott hat mir seinen Geist zugesandt;
den möchte ich aufnehmen,
diese Kraft, zu trösten und zu schützen,
zu bewegen und zu erkennen.

Ein Engel ist einer,
der eine Botschaft hat.
Das liegt in dem Wort »Engel«.

Ein Engel sagt, was er von Gott weiß.
Er zeigt, was er von Gott sieht.

Und eigentlich sind du und ich,
wir beide, berufen, solch ein Engel zu sein.

Es war schon fast Nacht,
als ich noch über die Schneefelder ging,
um die Sterne zu sehen.
Da stand der Mond
hell über der dunklen Hütte,
als achte er auf die Menschen,
die über Nacht in ihr wohnen.

Ich wünsche dir,
daß ein Engel Gottes
so über deinem Haus steht
und dir einen Traum eingibt
von dem großen, göttlichen Reich,
aus dem wir kommen
und in das wir heimkehren.

Und zwischendurch
möchte ich an seiner Stelle sein,
ein wenig,
mit meinen Wünschen und Gedanken,
damit sie dich finden,
auch wenn es sehr weit ist
zwischen dir und mir.

Eines sollen wir wissen:
Unsere Welt ist kein Gefängnis.
Sie ist offen,
und immerfort kommen Kräfte
von Gott her zu uns.
Und wir sollen diese Kräfte einander zuleiten.
Das ist es, was wir meinen,
wenn wir von »segnen« sprechen.

»Ich will dich segnen,
und du sollst ein Segen sein«,
sagt Gott.
Ich will dir die Kraft geben,
die du brauchst,
und du sollst sie weitergeben
und dabei selbst glücklich werden.

Du bist kein armer Erdenwurm,
sondern ein Engel.
Nimm das an.
Nimm es ernst.

Du bist ein Bote.
Einer, der glücklich macht.

Den einsamen Mönch fand ich
auf einem alten Grabstein.
Still steht er da, gesammelt,
und betrachtet eine Kugel,
die er in der Hand hält.

Die kostbare Perle
aus dem Gleichnis Jesu!
dachte ich mir.

Oder der Apfel des Paradieses,
nun für ihn bestimmt;
oder die Welt überhaupt,
die er in ihrer Schönheit
und Vollkommenheit sieht.

Oder sein Leben,
das so gelingen sollte.

Oder vielleicht ein Bild Gottes selbst,
des Vollkommenen.

Ich finde ihn schön,
und wenn ich könnte,
würde ich dir seine kleine Kugel
in die Hand geben.

P R I V A

Auf einer Reise durch Irland sah ich einmal dieses wunderhübsche kleine alte Haus.

Es gibt vornehmere Häuser.
Aber so wünsche ich dir dein Leben:
so in der Sonne stehend,
so von den Vögeln des Himmels besucht,
so warm zugedeckt, so wohnlich
und so nahe der Erde und dem Himmel zugleich.

Gerhard Tersteegen, der große Mystiker,
fragt einmal: »Ist es etwas Großes,
daß die Engel Gott loben? Nein.
Denn wenn wir an ihrer Stelle wären,
würden wir es auch tun. Aber ich meine,
daß Hiob auf seinem Misthaufen Gott lobte,
das war etwas Großes,
und das gefiel Gott besser als das Lob aller Engel.«

Wenn wir also keine Engel sind,
dann laß uns wenigstens tun, was ihnen leichtfällt
und uns manchmal ein wenig schwer:

Gott preisen und einander lieben.
Und darauf, daß wir das miteinander tun,
wollen wir uns verlassen.

CIP-Kurztitelaufnahme der Deutschen Bibliothek

Zink, Jörg:
Meine Gedanken sind bei dir / Jörg Zink. – 1. Aufl., (1.–50. Tsd.). –
Stuttgart: Kreuz Verlag, 1984.
ISBN 3-7831-0730-X

1. Auflage (1.–50. Tausend)
Kreuz Verlag Stuttgart 1984

Alle Fotos: Jörg Zink
Gestaltung: Hans Hug
Reproduktionen: Gölz, Ludwigsburg
Satz: Typosatz Bauer, Fellbach
Druck: Süddeutsche Verlagsanstalt, Ludwigsburg
Buchbinderische Verarbeitung: Röck, Weinsberg

ISBN 3-7831-0730-X

In der gleichen Ausstattung wie das Buch,
das Sie in der Hand haben, sind von
Jörg Zink im Kreuz Verlag
folgende Bände erschienen:

Vielfarbiger Dank
Zu einem Spaziergang über eine Wiese mit vielen Blumen lädt Jörg Zink ein. Jede Blüte mit ihrer besonderen Farbe deutet auf eine menschliche Eigenschaft hin, die Anlaß gibt zum Danken. Ein Geschenk für viele Gelegenheiten.

Mehr als drei Wünsche
Altersweisheit spricht aus den mit Humor gewürzten Texten, die zusammen mit den Fotos ein herzhaftes Geschenk bilden.

Am Ufer der Stille
Jörg Zink zeigt auf Fotos und in seinen Texten, in welche Tiefe und Weite das Lauschen auf die Stille führt.

Alles Lebendige singt von Gott
In den vielen kleinen Dingen der zauberhaften Natur ist die lebendige Gegenwart des Schöpfers zu erfahren.
Jörg Zink leitet dazu an, mit neuen Augen zu sehen.

Wenn der Abend kommt
Ein Begleiter für die Abend- und Nachtstunden. Meditative Fotos und Texte laden ein zu Sammlung, Gelassenheit und Geduld.

Kreuz Verlag

Jörg Zink,
Briefe für Sie geschrieben

Kunstdruckhefte mit je 5 farbigen Fotos, 16 Seiten.
Auch mit Kuvert und Briefkarte zu beziehen.

Ein paar Schritte an Ihrer Seite
Ein Wort für Trauernde

Einfühlungsgabe und Kraft zeichnen diesen Brief aus.

Glück den Liebenden
Ein Gruß zur Hochzeit

Ein Blumenstrauß, gebunden aus Güte und Herzlichkeit.

Warum ich Christ geworden bin
Ein Brief zur Konfirmation

Was Jugendliche suchen: ein persönliches Bekenntnis.

Augenzeugen der Schöpfung
Ein Wort für Mütter und Väter

Freude über ein neugeborenes Kind spricht aus diesem Brief.

Auswege ins Freie
Ein Gruß für Kranke

Der Brief spricht von den Chancen plötzlicher Einsamkeit.

Glanz von innen
Ein Gruß zu Weihnachten

Eine Meditation über die Geburt des Christus in uns.